JN144742

気仙沼のこばなし

CD・対訳付き三陸方言集

三陸ことば研究会（編）

真間書院

目次

はじめに……3
三陸ことばのルール……4
第1章　こどものあそび……7
1. おつかい……8
2. のろすけ……14
3. きもだめし……19
4. ざりがに……22
5. 雪の日……28
6. 反抗期……31
第2章　ふるさとごよみ……35
7. くまんつぁん……36
8. 気仙大工……40
9. みなとまつり……47
10. かっぱとさわがに……53
参考資料……60
あとがき……61

写真…　昭和30年代の魚町全景。右端の山が神明崎（本文 P47, P 53）
隣ページ左端が旧魚市場
中央坂の上が大田地区（本文 P54）
背景の山が安波山（本文 P58）

はじめに

三陸ことばは、誰でも話すことができる簡単な言葉です。

おおまかに見ると、次のように言葉のつなぎを10カ所ほど変えると、三陸地方の方言に変身します。

（標準語）	（三陸方言）
テレビをみる。	テレビぃみる。
外を見る。	そどぉ見る。
雨かなぁ。	雨だえが。
そうじゃない。	んーでね。
雪だろう。	ゆじだべ。
寒いけれど、	さみぃけんとも、
町に行こうよ。	まぢさいぐべ。
ここにないけれど。	ここさねえけんとも。
見ると食べたいな。	見っと食べでぇな。
お前もか、そうだろう。	おめもが、んーだべ。

これからお話するのは、こうした三陸ことばを使った、子供の頃のゆかいな思い出ばなしです。

三陸ことばのルール

■重要■

話し言葉のルールです。これをマスターしないと、遠い所から来た人だと思われます。

10の規則　年齢を問わず使う〝つなぎの言葉〟。東北弁の共通表現も含まれています。

①肯定　×「そうだ」　○「んーだ」　(例)うん、そうだね　→ん、んだな、んだね

②否定　×「ない」　○「ねえ」　(例)そうじゃない　→んでねえ

③願望　×「たい」　○「でぇ」　(例)行きたいなぁ　→行ぎでぇ

④並列　×「や」×「と」　○「だの」「ど」　(例)赤や（と）黄色や　→赤だの（ど）黄色だの（ど）

⑤推量　×「だろう」　○「だべ」　(例)そうだろう　→んーだべ

⑥推量　×「かなぁ」　○「だえが」「だべが」　(例)どうかなぁ　→どうだえが、どうだべが

⑦勧誘　×「う」　○「ぺぇ」「ぺす」　(例)一緒にやろう　→一緒にやっぺぇ　一緒にやっぺす

⑧場所・指示　×「に」「へ」　○「さ」　(例)君にあげる→おめさける　家に帰る→家さけぇる

⑨逆説・呼びかけ　×「だけど」　○「けんとも」　(例)そうだけど→んだけんとも　俺だけど→俺だけんとも

⑩主語　×「は」「が」　○「ぁ」「ぃ」「ぇ」又はつけない　(例)あたしは？→あだしぁ？　俺がゆく→　俺ぇ行く　俺行く

■練習しよう■

え段・う段への変換や濁音使いが上手にできれば、地元の人と変わりなく話せます。

2大活用

「あ段」の音は、「え段」に変える。「い段」の音は、「う段」に変える。

(例) はやくかえれ! ↓へぇぐけぇれ!
(例) めでたい ↓めででぇ
(例) こわい ↓こえぇ
(例) はい、よみました ↓はい、よむました
(例) テニス ↓テヌゥス
(例) なに! ↓なぬ!
(例) おまえたち ↓おめだづ

濁音のコツ

「か行」と「た行」は発音しない。代わりに「だ行」「が行」に濁らせて発音する。

(例) どれとどれ? ↓どれどどれ?
(例) どこからはじめる? ↓どごがらはじめる?
(例) お前からやれよ ↓おめがらやれぃ
(例) 俺としよう ↓俺どすっぺ
(例) どこにいく? ↓どごさいぐ
(例) あたまに来たなぁ ↓あだまさきたなぁ
(例) あいつだ!いた! ↓あいづだ!いだ!
(例) わたくしこそ失礼 ↓わだぐすごそ失礼
(例) めでたい ↓めででぇ
(例) カタコトうるさい ↓ガダゴドうるせぇ

「来た」「行った」「知った」は、「た」と発音する

「見た」「いた」は、「だ」と発音する

■聞き取ろう■

大人や年配の人がよく使ういいまわし。まずは聞き取れるようになろう。

接尾語「こい」

さまざまな形容詞に「～こい」をつける

(例) ぬるいお湯にはいる →ぬるこい湯さへぇる　(例) やわらかいめしだね →やわこいめしだごど

(例) こまかい網の目 →こまこい網の目　(例) ひらべったい石だね →ぺったらこい石だごど

限定「ばり」

「ばかり」、「だけ」の代わりによく使う

(例) これだけだよ →こればりだから　(例) 一時間ばかり →一時間ばり

丁寧「がす」

「です」の「す」の代わりに使う丁寧語。最近は若い人が使わなくなりつつある。

(例) そうです →んーでがす　(例) 友美の母です →友美の母でがす

丁寧「ぁした」

「ました」に相当する丁寧語。

(例) 読みました →読みぁすた　(例) ただいま帰りました →ただいま帰りぁすた

回想「だった」

過去のある時点の回想。主に第三者に対して使い、自分のことは「だんだ（女性：だのね）」を多く使う。

(例) 局長さん立っていた →局長さん立ってだった　(例) 川口さんがきた →川口さん来たった

こどものあそび

①おつかい

CD track 1

おらい[*1]のばあちゃんどごさ、毎日《まいぬづ》お客さんだづお茶っこのみさ来たもんでがす。

おら、ちっちぇがったがら、何《なぬ》はなしてだんだが、はっぱ分がんねがったけんつぉも、こんな話《はなす》おぼえでんだぁ

「あんだお茶《ぢゃ》こ何《なぎぃ》好ぎすか」

「あだす、ばんちゃ」

「おら、げんまいちゃ」

くだらねえごどばり話《はなす》すねで「お茶《ぢゃ》なんか何でもいい」てぇ何で誰も言わねんだが。

「これ、おらいのさどまご[*2]」

「まんつまんつ、にこかこ[*3]ってめんこい[*4]まごっこだごと。年なんぼ。みっつ。お〜よすよす、

【共通語訳】

うちのおばあちゃんのところには、毎日のようにお客さんたちが茶飲みばなしをしに遊びにきていました。僕は小さかったので何を話しているのかさっぱり分からなかったけれど、こんな話は覚えています。

「あなたは何のお茶が好きなの」

「あたしは番茶」

「俺は玄米茶」

（今思うと）どうしようもない話ばかりしないで、「お茶なんか何だっていいでしょう」と、どうして誰も言わないのでしょうか。

「これはうちの孫です」

「あらまあ、にこにこして可愛いお孫さん。年

*1　おらい…わが家
*2　砂糖孫（さどまご）…可愛い孫
*3　にこかこ…にこにこ
*4　めんこい（めごい）…かわいい
*5　めんこめんこ…よしよし

めんこめんこ[*5]」

　ある日、ばあちゃんおらさようたす[*6]言いつけだ。

「んで、ぜんこ[*7]やっから、たばご買ってきてけらいん」

「別にいいでば、めごい[*4]まごぁつかわれね」

「えんでがす[*8]。つかぐ[*9]さようたすさやっから」

　おら一人てくてく歩いでった。

　桶屋《おげや》の前さいぐど、桶屋のおんつぁん、なだ[*10]で、ぱんぱん木ぃ割ってんの見えだもんだ。そいづじっと見でがら、石垣《いすがぎ》の段の上さ乗って、よこよこ[*11]って歩いて、小学校の前《めぇ》の店こや[*12]の横《よご》の旧道さ出だんだ。


いくつ。3才。お～よしよし、かわいいね」

　ある日、おばあちゃんが僕におつかいをして来いと言いました。

「ちょっと、お金わたすからタバコ買ってきてちょうだい」

「いやいや、そんな可愛い孫に買い物なんて」

「いいんですよ。近くに買い物に行かせるだけですから」

　僕は一人でとことこ歩いて行った。

　桶屋さんの前まで来ると、パンパンと音がして、桶屋のおじさんが、ナタで木を割っているのが見えたものだった。それをじっと見てから道路脇のブロックの上に乗ってよちよちと歩いて、小学校前の商店が立ち並んでいる道に出た。

---

*6　ようたす…買い物、用足し
*7　ぜんこ…お金
*8　えんでがす…いいんですよ
*9　つかぐ（ちかま）…近く
*10　なだ…手斧
*11　よこよこ…よろよろ
*12　みせこや…お店
*13　とつけ屋…くじ引きのある店

*14　さい…さんの家
*15　おがる…成長する

*16　けらいん…下さい
⇔もってがい *20
*17　ぜんこ…お金
*18　なんぼ…いくら

かどさある店こやぁ「かどや」、学校《がっこ》の裏山さあるとつけ屋[*13]ぁ「やまや」、学校の前《めぇ》さある牛乳屋ぁ「ばばこ」っつんだ。、ばばあやってっから、「ばばこちゃや」って名前《なめぇ》でぇ、おらだづぅつづめで「ばばこ」って呼んでだんだ。大人だづぁばんつぁんの名前で「たまえさい[*14]」なんて呼んでだんだけんつぉも。昔《むがす》ぁこんな名前のねぇ店ぇばり、あったもんだぁ。

店こやさ入った。

「あら、よすちゃん。すばらぐ見ねぇうづにおがった[*15]ね」

「こいづけらいん[*16]」

「ばあちゃんの買い物すか。どいづっさ」

「ん…」

（道路の交差点の）かどにある店を「かどや」という。小学校の裏山の前にある駄菓子屋を「やまや」という。学校の前にある牛乳屋は「ばばこ」という。おばあさんが店をひらいているから「おばば茶屋」という名前で、僕たちは縮めて「ばばや」と読んでいた。大人たちはおばあさんの名前で「たまえさんの店」なんて呼んでいたのだが、昔はこんな名前のない店ばかりがあったものだ。

店に入った。

「あら、よしちゃん、しばらく見ないうちに大きくなったわねぇ」

「これください」

「おばあちゃんの買い物ね。どれがほしいの」

「ええと…」

桶屋《おげや》の前さいぐどぉ、桶屋のおんつぁん、なだ[10] でぇ、ぱんぱん木ぃ割ってんの見えだもんだぁ

(本文９ページ)

*19　あめこ…アメちゃん
*20　もってがい…あげます
*21　だい…きなさい
*22　ば（ばば、ばばば）…あら（らら）
*23　ぼんこ…うんこ
*24　もぐす…もらす
*25　はらぴり…下痢

どのタバゴだが分がんねぐなった。

「んで、マイルドセブンが。いづばん売れでっから。ぜんこ[*17]なんぼ[*18]もってんのっさ」

ぜんこわだして、おづりもらった。

「そごのあめこ[*19]もってがい[*20]」

丸の容器の穴さ手ぇ入れで栗《くり》あめもらってけぇってきた。

「ただいま」

「かってきたすか。ば、マイルドセブンが。エコーって言ったのぬ、わせだのが」

「いいでば、いいでば、マイルドセブンで」

「どれ、こっつさだい[*21]。ば[*22]、なんだべ、くせごど。ばばば[*21]、ぼんこ[*23]もぐす[*24]てぇ」

「ばーばばばばば、なんとすた。はらぴり[*25]で

どのタバコなのか分からなくなった。

「じゃあ、このマイルドセブンじゃない。一番売れてるわよ。お金はいくら持ってるの」

お金をわたして、おつりをもらった。

「そこのアメあげるからね」

丸い容器の穴に手を入れて栗飴をもらって帰ってきた。

「ただいま」

「買ってきたの。あらマイルドセブンじゃない。エコーを買ってきてって言ったのに忘れたの」

「いいのいいの、マイルドセブンでいいんです」

「まあ、こちらに来なさい。あら、何でしょう、臭いわね。あらら、うんこもらしたんじゃない」

「あららら、何だろう。下痢じゃないのか」

*26　ちて…来て
*27　なじょすて…どうして

ねが」

「よすえさん、よすえさん。ちょっとちて[*26]けらいん」

その頃ぁ3歳で、はずめでの買いもんで、なじょすて[*27]ぼんこもぐすたが分がんねがった。

母親の話だど、おらぁ風邪ひいでで顔あおくて、その後寝ごんだんだどが。

んでも、緊張すて便所さ行くのぁ、大人なってもはっぱ変わんね。


（嫁を呼んで）「芳江さん、芳江さん、こちらに来てちょうだい」

その頃は3歳で、はじめての買いものでどうしてうんこをもらしたのか分からなかった。

母親から聞いた話だと、僕は風邪をひいていて顔色が悪く、その後寝込んだそうだ。

でも、緊張して便所に行くのは、大人になってもさっぱり変わらない。

*1　え…家
*2　のろすけ…ふくろう
*3　ごろすけ…五郎助、ふくろう
*4　いぐべし…いこうよ
*5　めんちゃっこい…小さくて可愛い

②のろすけ

CD track 2

ふくろうの巣ぅでぎだっつーがら、よすちゃんのえ*1さ、見に行ったごどありゃすた。

「のろすけ*2ほーほー。夜がふけた」

「ごろすけ*3ほーほー。どごぬいる」

「はやぐねらい。明日、見ぬいぐべす*4」

のろすけなんか、どごさいんだが見だごどもねえがら、遊びさ行くのほんと楽すみにすてだんだ。

えさ着くど、おんつぁんさはすごかげでもらって木のぼってやぁ、巣ん中のぞいだっけぇ、ひなぁめんちゃっこいのぉ*5いだんでがす。

「いだぁ、ちょこまこ*6ってめんこいなぁ」

【共通語訳】

ふくろうの巣ができたというので、よしちゃんの家まで見に行ったことがありました。

「ふくろう、ほーほー。夜がふけた」

「ふくろう、ほーほー。どこにいる」

「早く寝なさい。明日見にいくからね」

ふくろうなんてどこにいるのか見たこともないので、遊びにいくのを本当に楽しみにしていたものだった。

（次の日、）家に着くと、おじさんに梯子をかけてもらって木にのぼった。巣の中をのぞいたところ、とっても小さくて可愛いひながいたんです。

*6　ちょこまこ…小さく歩く様子
*7　みたそらねえ…見た気がしない
*8　ねぷかげ…うたたね

ひなっこ顔出して鳴いででやぁ、おどろがせねぇよにすぐおりだんだけんつぉも、おら子供でぇ、背ぇ小せえがら、何だ見たそらねえ*7って言ったればぁ、

「んで、どれもう一ぺん、はすごさあげでけっから、見でみれぇ」

ってもう一回みせでけだもんだぁ。

「ひなっこ、飛ばねんだべが」

「のろすけぁ夜起ぎっからなぁ。今ねぷかげ*8すてんだべ。そっとすてっぺ」

よすちゃんの家《え》さ、でっけえ森あってぇ、ふくろういれば、むささびぃいる、かぶとむすいる、池さ、いもりいる、なんでもいでぇ、いがったんだぁ。


「いた、ちょこちょこしてかわいいなあ」

ヒナが顔を出して鳴いている。驚かさないようにすぐに下りたけれど、僕は子供で背が小さいから、十分見た気がしないと言ったら、

「それじゃあ、もう一度、はしごの上にのせてあげるから、見てごらん」

そう言ってもう一度見せてくれたものだった。

「ヒナはとばないのかな」

「フクロウは夜になると起きるから、今はうたたねしているんだろう。そっとしてあげよう」

よしちゃんの家にはでっかい森があって、ふくろうもいれば、むささびもいる、かぶとむしもいる、池にはイモリもいる、何でもいて楽しかったなあ。

「ひなっこ、飛ばねんだべが」
「のろすけぁ夜起ぎっからなぁ。今ねぷかげ[8]すてんだべ。そっとすてっぺ」

（本文 15 ページ）

*9　ばんつぁん…ばあちゃん
*10　おぬすめ…お煮しめ
*11　んめ…うまい
*12　やんた…嫌だ
*13　戦争の時…戦時徴用船や第２師団の南方転出等で多数沈没

その日ぁ、よすちゃんのばんつぁん[9]、畑で採れた野菜でぇ、いっぺえおぬすめ[10]煮でけだんでがす。

味見《あづみ》すたそのおぬすめのぉ、んめ[11]がったごど、んめがっだごどやぁ。なんでもぉだすがつがうんだどが。おらいの味噌汁《みそする》のだすぁ安いにぼすばりだけんつぉも、よすちゃんのばんつぁん、いっぺかづおぶす入れんだどが。

何でがっつうど、よすつぁんのずんつぁんぁ、戦争んどぎ[13]、南の沖で船しずんでぇ、海の上でぇふやげだにぼすばり食ってぇ、なんとが助かったつーがら、帰ってきてがらも、にぼすだげはやんた[12]ってぇ、だすにぁ絶対いれねぇっつーの。

んだがら、かづおぶすだげでこんなにうめんだねぁ。


その日はよしちゃんのおばあちゃんが、畑でとれた野菜でお煮しめをいっぱい煮てくれました。

味見してみたらそのお煮しめがとってもおいしかった。特にだしが違うそうだ。うちの味噌汁のだしは安い煮干しばっかりだけど、よしちゃんのおばあちゃんは、かつおぶしをどっさり入れるそうだ。

どうしてかと言うと、よしちゃんのおじいちゃんは、戦争の時に南の海で船が沈んで、海の上でふやけた煮干しだけを食べて、何とか生きて帰ってきたそうだ。家に帰ってきてからは、煮干しだけは大嫌いだと言うので、だしには絶対いれないそうだ。

だから、かつおぶしのだしだけでこんなに美味しいんだね。

③きもだめし

CD track 3

部落の子供会のきもだめすのごど。

夜、はあはあど、背ぇ切らして[*1]あんこぁ[*2]ふたり、走《はす》ってきたんだど。

「やーたまげだ。布なんだが上からがばっとおそろすねえ[*3]もんかぶさってきて」

「そごさいんのだんだ[*4]って言ったっけぁ、くれどごがらのきっと[*5]出てくんだおん。それぁたまげっぺど」

「ながっぺろい[*6]こんにゃぐぁ、べたっと顔さあだって、きもこわりぃ[*7]ごどや」

おったまげでやぁ、足ぁぷるぷる、胸ぁどがどがどすて、お寺《でら》の境内《けいだい》でねたばって[*8]だっけぇ、

*1　背を切らす…息を切らす
*2　あんこ…お兄ちゃん
*3　おそろすねえ…薄気味悪い
*4　だんだ…だれだ
*5　のきっと…のそっと
*6　ながっぺろい…細長い
*7　きもこわりぃ…気持ち悪い
*8　ねたばる…ねそべる

【共通語訳】

地区の子供会できもだめし大会（が開かれた夜）のこと。

息をはあはあと切らして、お兄ちゃんが二人走ってきたそうな。

「ああ、びっくりした。布なのか上からがばっと気味悪いのがかぶさってきたよ」

「そこにいるの誰だって言ったら、暗がりからのそっと出てきたもんだから、びっくりしたよ」

「長くてひらべったいのが、ぺたっと顔に当たって気持ちわるいよ」

興奮して足をぶるぶる、胸をどきどきさせ

ながっぺろい[*6] こんにゃぐぁ、ぺたっと顔さあだって、きもこわりぃ[*7] ごどや

(本文18ページ)

*9　そったなもん…そんなもの
*10　いっとぎ…しばらく
*11　たんがえで…かついで
*12　しゃっこい…冷たい
*13　かえらい…帰りなさい
*14　だんだがはん…誰かさん

「なんだ、おぎな声出してぇ、さがんでだの誰がと思ったけ、おめだったが」

中にぁ平気《へいぎ》なのもいで、子供会の年上《とすうえ》のあんつぁんの、つりざおさ吊るすてだこんにゃぐば、手でちぎってきたんだど。

「ほりぃ、こんにゃぐとってきたでば」

「ば、そったなもん[*9]、捨ててこでば」

いっとぎ[*10]すたっけ子供会の会長さん、アイスの箱ばたんがえで[*11]あがってきたんだっけぇ。

「んで、ごぐろうさん。しゃっこい[*12]アイスあっから食べでかえらい[*13]」

すたっけだんだがはん[*14]はしゃいで鐘楼さ飛び乗ってぇ、お寺の鐘ゴーンど鳴らすたんだっけぇ。

てお寺の境内でへたばっていたら、

「何だお前じゃん。大きな声あげて叫んでたの誰かと思ったよ」

中には平気な子もいて、子供会の年長の兄ちゃんが釣りざおで吊るしていたコンニャクを手でちぎってきたそうだ。

「ほらっ、コンニャクとってきたぞ」

「うわ、そんなもん捨ててこいよ」

しばらくすると子供会の会長さんが、アイスの箱を抱えてやってきた。

「やあ、ごくろうさま。冷たいアイスがあるから食べてから帰りなさい」

するとはしゃいだ誰かが、お寺の鐘楼の上に乗って鐘を鳴らしたのでゴーンと鳴り響い

*15　おっさん…和尚さん
*16　わらわらと…ばらばらに

「こりゃ、おっさん[*15]出てきておごられっつぉ」
子供だづぅアイス持ってぇわらわらど[*16]逃げ出すて、きもだめすそのまま解散になっつまったんだど。

「これは和尚さんが出てきて怒られるぞ」
子供たちはアイスを手にしてわらわらと逃げ出して、きもだめし大会はそのままお開きになってしまったそうな。

た。

*1　こまこい…細かい
*2　どごもかごも…どこもかしこも
*3　ゆっつげる…結びつける

④ざりがに

CD track 4

旧道の神社のわぎさ水路あって、夏んなっどぉ、いっぺぇホタル出だもんだ。いまでぁ、コンクリの水路になったがら、砂利っこ中さいだぁこまこい*1貝っこなんかしゃっぱりいねぐなっつまってぇ、そいつ餌ぬしてだ蛍もぉ、しゃっぱいねぐなっつまったけんつぉも。

田中さ池だの沼だのあって、ざりがにぁいっぺえいだもんだ。いまでぁ、どごもかごも*2埋立《だ》てられでぇ、家だの店だの建ったんでぇ、どごさもいねぐなっつまったけんつぉも。

ちっちぇ時ザリガニ釣りさよぐ行ったもんだぁ。釣りっこしにぃザリガニの池さぁ着ぐどぉ、青竹《あおだげ》

【共通語訳】

旧道の神社のわきには水路があって、夏になるとたくさんのホタルが飛びかったものだ。今では、コンクリート造りの用水路になったので、砂利の中にいた貝がさっぱりいなくなって、それをエサにしていたホタルもさっぱりいなくなってしまったけれど。

田中地区には、ため池や沼が多くあってザリガニがたくさんいたものだ。今ではどこもかしこも埋め立てられて、家や店が建ったので、どこにもいなくなってしまったけれど。

小さい頃はザリガニ釣りによく行ったものだ。ザリガニがすむ沼に着くと、青竹の先に

沼さくっといっつもとっぺった[11] もんだぁ。たまにどっからがぁ、杖ついだばんつぁんきたっけなぁ

（本文23ページ）

*12　どへぇこ…穴、ここでは深み
*13　びっき…カエル
*14　かれだ…食えた
*15　うっしょ…後ろ

けなぁ。

「なんびぎつったのっしゃ」

「2匹《しじ》」

「どへぇこ[12]さへぁんねよにすらいん。昔《むがす》はびっき[13]食ったす、ざりがにも食ったぁ。泥くせくてかれだ[14]もんでねがったねす。ねずみも食ったんだぁ」

戦争ん頃、食べ物ねくてなんでも食ったんだどが。この池さいんの、全部くいもんなんだどが。昔《むがす》、池のびっきどがザリガニごっつぉうだったんだえが、な〜んて考えでがら、釣りっこさ夢中で、うっしょ[15]見っと、ばんつぁんもういねくて、何だか池《いげ》の主《ぬす》みでなばんつぁんだったなぁ。

最後バケツの中見《なが》で、あげえのアメリカ2匹《しじ》、

さんがやってきたものだった。

「何匹つったのかい」

「2匹」

「沼に落ちないように気をつけなさいよ。昔はカエルも食べたし、ザリガニも食べたよ。泥臭くて食えた代物じゃなかったけどね。ねずみも食べたんだよ」

戦争中は食べ物がなくて何でも食べたそうだ。この池にいる生き物は、全部食べ物なんだって。昔はザリガニの肉もごちそうだったのかな、なんて考えながら、釣りに夢中になっていて、ふと後ろを向くと、おばあさんはもう姿を消していた。今になって思うとまるで池の主のようなおばあさんだったなぁ。

最後にバケツの中を見て、赤いのはアメリ

*16 インドザリガニ…青っぽいのをインド、赤をアメリカ、白いのを日本ザリガニと呼んでいた

*17 あど…それと
*18 あだりほどり…あちこち
*19 あげくの果てにぁ…しまいには
*20 こわい、こええ…疲れた

青いのぉインド1匹《ぴじ》、白いのぉ日本1匹《ぴじ》[16]ど勘定して、あど[17]たもででっけえオタマジャクスすぐってぇ、んで帰っかってぇ、じゃんけんして、おめ負けたがら向ごうの電柱までかづいでげって、すてまだ電柱で代わりばんこして、ざりがに入《へぇ》ったばげづ運んで歩いだんだ。

そのうぢに、竿おき忘れだって、戻ってあだりほどり[18]見で電柱で見っけだんだ。

そのうづバゲヅ重くて腕痛《いで》ぐなってぇ、あげぐの果てにぁ[19]、こえくて[20]泣き出すてぇ、

「腹ぁへったし、飴ぁなめでぇす…」

すたら、もう一人も泣き出してぇ、

「アイスぁ食いでぇす、屁ぁぷーぷーでるす…」

カザリガニ2匹、青いのはインドザリガニ1匹、白いのは日本ザリガニ1匹と数えて、それから網で大きなオタマジャクシをすくいあげてから、それでは帰ろうということになり、ジャンケンをして、「おまえは負けたから道の先の電柱までバケツを担いでいけ」と言って、それからまた電柱で交代してザリガニの入ったバケツを運んで歩いたものだった。

しばらくして、竹竿を置き忘れた(ことに気付き)、あたりを探しながら来た道を戻って、電柱に置き忘れているのを見つけたりした。

しだいにバケツが重くなり、腕も痛くなってきて、ついには疲れて泣き出してしまう。

「腹へったよぉ、アメなめたいよぉ」

すると、もう一人も泣き出して

*21　ぐずらもずら…ぐちぐち
*22　よめこど…世迷いごと、愚痴
*23　ひじる…からかう

　耳すますて、よく聞いだれば、泥ついだ尻っこのあだりがら、たすかにぷすぷすってぇ力ねぇ屁《へ》っこ出だってだんだ。

　んだけんとも、ぐずらもずらど[*21]よめこど[*22]かだって泣いでだったから、ひづんの[*23]やめっぺど思ってだんだけんつぉもぉ、あれがら40年たった今でもぉ、忘《わ》せらえねえもんですたぁ。


「アイス食いたいよお。おならがプープー出るよお」

　耳をすまして、よく聞くと、泥のついたお尻のあたりから、たしかにプスプスと力のないおならが出ていた。

　でも、くどくどと愚痴をこぼして泣いていたので、からかうのをやめようと思ったのだけれど、40年経った今でも忘れられないものでした。

*1　ぼた雪…牡丹雪、雪片大きい雪
*2　のっこり…どっかり
*3　つらら（たっぴ）…つらら、垂氷
*4　おっぱずる…へしおる
*5　はねでぐ…飛び出していく
*6　んだんだ…そうだそうだ

⑤雪の日

CD track 5

ある朝、目覚めだればぁ、ぼだ雪《ゆぎ》*1のっこりど*2積もってでやぁ、外さ出て屋根ば見っと、つらら*3垂れできらきらどすでだんでがす。

そいづば竹の棒《ぼ》っこでおっぱずって*4、こいづはんめえ、アイスキャンデーだなんつって、なめだんだ。考えだれば、屋根のゴミだらげできれいなもんでねんだべけんつぉも、何だもねぐうんめがったもんだぁ。

かまぐらつぐるくれぇドガ雪でねがったけんつぉも、べだべだつぃぼだ雪で、すぐ溶げっから、朝がら外さ跳ねでった*5もんだぁ。

「そりやっぺぇ」

「んだんだ*6、そりやっぺえ」

近所のあんつぁんど坂道《さがみぢ》でそりやったもんだ。

【共通語訳】

ある朝、目が覚めると、牡丹雪がどっかりと積もっていて、外に出て屋根を見ると、つららが垂れてキラキラと輝いていました。

竹の棒を振り上げて、そのつららを叩き折って、これはおいしい、アイスキャンディーみたいだねなんて言ってなめたものだ。考えれば、屋根のゴミだらけできれいなものじゃないんだろうけれど、すんごくおいしかったな。

かまくらを作るほどの大雪じゃなかったけれど、べたべたした牡丹雪ですぐに溶けるんで、朝から外に飛び出していったものだ。

「そりすべりしよう」

「そうだそうだ、そりすべりしよう」

近所のお兄ちゃんと坂道でそり遊びをした

水かげでてかてか凍らせで、ジャンプ台までこせえで[7]、そり滑りしたれば、
びゅんびゅんどすべって、おもしがった[8]もんだぁ

（本文 30 ページ）

*7　こせえる…こしらえる
*8　おもしがった…面白かった
*14　うっしょ…後ろ
*9　ずんつぁん…じいちゃん
*10　ぼっこす…こわす

あんつぁん、坂道さ水かげでてがてがど凍らせで、ジャンプ台までこせぇで[*7]、そり滑りしたれば、びゅんびゅんどすべって、おもしがった[*8]もんだぁ。

　したっけ、ずんつぁん[*9]雪かぎさ出てきて、がつがつって、てづの棒《ぼ》っこで坂んどごさ段差つぐって、よげないだづらすんなって、ジャンプ台も、ぼっこさ[*10]れづまった。

　しょうねえがら、雪かぎの雪のっこりたまってっとごさよごあな開けでぇ、あどで秘密基地つくっぺってぇ、ラムネ入れどいだんだけんつぉも、学校行ってる間に雪とげづまってラムネも一緒にねぐなっつまったや。

ものだ。お兄ちゃんは、坂道に水をかけててかてかに凍らせて、ジャンプ台までこしらえて、そりすべりをしてみると、ビューンと猛スピードで滑って面白かったなあ。

　しばらくすると、じいさんが雪かきに出てきて、ガツガツと鉄の棒で雪と氷をくだいて、坂道に転倒防止の段差をつけた。余計ないたずらをするなど怒られてジャンプ台もこわされてしまった。

　仕方がないので、雪かきの雪がどっさりたまっている所に横穴をあけて、後で秘密基地をつくろうとラムネを隠しておいたのだけれど、学校にいっている間に、雪がとけてしまって、ラムネも一緒に消えてしまったよ。

*1　せがれ…息子
*2　よひかり…夜更かし
*3　せつない…うるさい
*4　なんたらかんたら…どうにも
*5　おっしょしい…恥ずかしい
*6　家ん中弁慶…内弁慶
*7　やがます…うるさい
*8　きかねえ…うるさい

⑥反抗期

CD track 6

めんこい子っこも、年頃になってくっとぉ、

「おらいのせがれ[*1]、よひかり[*2]で困りゃした」

「年頃なったっけ、プライバシー、プライバシーって、せづねぇ[*3]がら」

こいづはまず反抗期つぅもんだねぇ。

反抗期さなっと、なんたらかんたら[*4]って親のいうごど聞かねぐなっからね。外さ出っとおっしょしくて[*5]、猫《ねご》借りだよにおどなすぐなっても、うづさいっと、えんなかべんけい[*6]つんだねぇ、「やがますね[*7]、あっつさいげ」なんて、きかねん[*8]だ。

ある夜の晩飯めぇのごど。

「そんなにえがえが[*9]ってすねくてもよがすぺど」

「だれぇ、不機嫌なのおめだづだべ。なにがど、

【共通語訳】

かわいい子供も年頃になってくると、

「うちの息子は、夜更かしで困っています」

「年頃になったらプライバシー、プライバシーってうるさいんです」

これはまさに反抗期というものですね。

反抗期になると、あれこれ理屈をつけて、親の言うことを聞かなくなるからね。外出すると恥ずかしいのか、柄にもなくおとなしくなるのに、家の中にいると内弁慶で、「うるさい、あっちにいけ」なんて気が荒いんだ。

ある夜の晩ご飯前のこと。

「そんなにいらいらしなくてもいいでしょ」

*9　えがえが…とげとげしい
*10　かっつける…なすりつける
*11　さもねぇ…ささいな
*12　きらず…おから
*13　若干…少量の盛り
*14　てんこもり…大盛り
*15　くわい…食べなさい
*16　おづげ…お付け、味噌汁

おらほうさかっつけんだ*10おん。」

「なぬす、親さ、おめだづって」

「いいがらいいがら、さもね*11ごどで気にすんな。ちょっとひじったくれぇで、むつけでんだがら。」

「今日のばんめし何《なぬ》」

「きつずの焼き物どさんまのきらず炒り*12だ」

「何だ、おれのやんたもんばりだ。かんねもんわざわざ作んねくてもいいべど」

「いいがらけぇ。めしどのっけぇすんの」

「ん〜、若干《じゃっかん》*13」

「なんだぁ、まだおがんだがら、てんこもり*14にすてくわい*15」

「ダイエット」

「なぬぅダイエットだって、気ぃきいだふりすんでね。おづげ*16だげでも飲まいや」

「いいがらいいがら、されかまね*17でほっとがい

「だって、お前らが不機嫌だからだろう。何かといえば俺のせいにするんだからさ」

「何だって、親にお前らなんて」

「まあまあ、つまらないことは気にするな。ちょっとからかっただけですねるんだからさ」

「今日の晩御飯は何」

「吉次《きちじ》の焼き魚にさんまのおから炒りだよ」

「げぇ、俺の嫌いなものばっかり。食べないものをわざわざ作らなくてもいいだろう」

「いいから食べなさい。ご飯はどのくらい」

「ええと、ちょっと」

「あら、まだ背が伸びるんだから、お椀いっぱい食べなさい」

「ダイエット中」

「何がダイエットだ。気の利いたマネをするな。おつゆだけでものみなさい」

*4　すずかに…静かに
*5　たも…たも網
*6　すっぱね…泥のはね上げ
*7　けっぽくう…靴に水がはいる
*8　ずびずび…ずぶずぶ
*9　なんだもねぐ…何ともいえなく
*10　けっぱりくう…靴に水がはいる
*11　とっぺぁる…水に落ちる

の先っぽさタコ糸ゆっつけ[*3]でぇ、糸の端《はす》さにぼすつけでぇ、ひょいと投げんだ。いっとぎすっとぉ、泥ん中《なが》から、ザリガニあげえハサミっこ出してぇ、にぼすつんと挟むがらぁ、すずがに[*4]おどがさねように引っぱってぇたも[*5]ですくうんだ。

すぐうどぎ泥だらげになってやぁ、「ばっ、すっぱね[*6]あがった」なんつのは、まだいいほうでぁ、「けっぽくった[*7]」って叫ぶと、ながくづさずぶずび[*8]って泥へえって、なんだもねぐ[*10]気持づわりいんだ。んだがら、けっぱりだげぁくわねえ[*9]ようにすっぺって気ぃつけでんだけんつぉも、沼さくっといっつもとっぺった[*11]もんだぁ。

たまにどっからがぁ、杖ついだばんつぁんきたっ

タコ糸を結んで糸の先ににぼしをつけて、ひょいと投げる。しばらくすると、泥の中からザリガニが赤いハサミを振り上げてにぼしをひょいと挟むから、驚かさないようにそろりそろりと引っ張ってたも網ですくってとるんだよ。

網ですくいとる時は、どろだらけになって、「あっ、泥がはねあがった」なんてのは大したことではなく、「靴に泥が入った」と叫ぶと、長靴の中に泥水が入って何ともいえなく気持ちが悪いのだ。だから泥水だけは入らないようにと気をつけていたのだけれど、沼に来ると、いつもおっこちたものだった。

たまにどこからともなく杖をついたおばあ

んでも、やっぱす親の言うごだ聞いた方、ええ時《どぎ》もあるもんだねす

（本文 34 ページ）

*17　されかまねぇ…全然構わない
*18　はなかす…鼻くそ
*19　えずる…いじる
*20　せげぁ…世界

や」

　んでも、やっぱす親の言うごだ聞いた方、ええ時《どぎ》もあるもんだねす。

「これっ、はなかす[*18]えずんの[*19]やめらえ。鼻曲がっつぉ」

「なぬ、えずってねえ。鼻曲がるってえが。ばぁ、そいづはおどげでねえごったべっちゃ。どごのせげぁ[*20]にんなごどあっけ」

　そうこうきかねえごど言っているうづに、とうどうおらの鼻ぁまがっつまって今でも鼻さすわ寄ってんだぁ。

　いいすか、反抗期だがらって、親の言うどごだぎゃ聞いだ方いい。


「いいんだ、いいんだ、そんなのは構わないでほおっておけよ」

　でも、やはり親の言うことを聞いた方が良い時もあるものです。

「こらっ、鼻くそをほじるのはやめなさい。鼻が曲がるわよ」

「何だって、ほじってねえよ。鼻曲がるってぇ。まったく冗談じゃないよ。そんなこと現実にあるわけないでしょ」

　そうこう言い争っているうちに、とうとう僕の鼻は曲がってしまい、今でも鼻にはシワが寄っている。

　いいですか。反抗期とはいっても、親の言うことだけは聞いた方がいいですよ。

ふるさとごよみ

*1　ふな板一枚、下は地獄…船は板一枚であの世とつながっている。海に落ちた船員は見つからないことが多かった。
*2　おが…陸のこと
*3　ようこませ…細かく用事をこなす
*4　熊んつぁん…余計な気を利かす
*5　のっけがら…はじめから

⑦くまんつぁん

CD track 7

船の仕事むがすから、「ふな板一枚《いだいづまい》　下ぁ地獄《じごぐ》」って語ったもんだ。今みでえにおが*2さでっけぇ加工場なんかねがった頃ぁ、仕事《すごど》さつくべって一つの船さ、50人も乗って沖《おぎ》さ出だんだ。

んだがら、みなどまづでぇ、こいづはやんなっつうのぁ3つあんだぁ。

ひどづ、気ぃ利いだふりすんな。

ひとづ、ようこませ*3すんな。

ひとづ、熊んつぁん*4すんな。

のっけがら*5、何が気の利いたごどすっぺなんつのぁ、船板《ふないだ》はずして海さ落っこづるやづだ。うま

【共通語訳】

船の仕事は昔から「舟板一枚、下は地獄」と例えたものだよ。今のように沿岸に大きな加工工場なんかなかった時代は、仕事につこうとして50人も乗って沖に出たものだ。
だから、港町では、これをしてはダメだということが3つある。
その一　気を利かそうとするな
その一　細かく用事をこなそうとするな
その一　余計なことをするな
はじめから気を利かして何かしようとするのは、舟板を踏み外して海に落っこちる野郎

魚っこひろいさ夢中ぬなってだんだど。すたっけ、でっけえ波ぃだーっと来てぇ、さらわれですまったんだど

（本文 38 ページ）

*6　こばがくせぇ…馬鹿馬鹿しい

*7　どっかど…どっしりと
*8　いっつもかっつも…いつでも
（いづだりかづだり、いづでもかづでも）
*9　ねっつくっつ…ねちねちしつこく

ぐ用足しすっぺなんてこまこぐねずみみでに動くのも同ずごど。こばがくせ[*6]ごどすんなってしゃべったもんだ。


昔、熊次って、気ぃきいだふりする、ようこませなごどすんの大好きなやづいだんだど。

ある日、波ざーっとひいで、海の底《そご》見えで、魚ぁぴつぴつどはねでだんだど。やったやったって、めすの足すにすっぺって、海の底の魚《さがな》こば拾いさいって夢中ぬなってだんだど。

すたっけ、でっけえ波ぃだーっと来てぇ、さらわれですまったんだど。


んだがら、熊んつぁんすねぇで、男大事のために、どっかど[*7]構えでんの一《いづ》番だ。

だ。うまく用事をこなそうなんて細々とねずみのように動くのも同じこと。馬鹿げたことはするなと注意したものだ。


昔々、熊次という、何かと気の利いたことをしようとして細々動くのが大好きな者がおったとさ。

ある日、岸辺の波が大きく引いて、海の底が見えて、魚がぴちぴちはねておったそうな。やったやった、ご飯のおかずにしようと言って、海の底の魚を拾いにいって夢中になっていたそうな。

そうしたら沖から大波が押し寄せてきて、波にさらわれてしまったそうな。

だから、熊んつぁんのように余計なことは

*10　ひずって…からかって
*11　在郷太郎…田舎者　内陸部の人（ぜいごったろ）
*12　めくさい…みにくい
*13　どどだれかくだれ…所かまわず
*14　つぅ…～という
*15　んだがら…そうだから
*16　まんつまんつ…やれやれ

いづだりかづだり[8]、よめこど語ったり、人んどごねっつくっつど[9]ひずって[10]ばりいんのぁ、在郷太郎《ぜいごったろ》[11]のすっこった。なんとめくせ[12]ごどや。

どどだれかくだれ[13]つついで、よその家さまで口《くづ》出すすんのも、熊んつぁんつぅ[14]んだ。

んだがら[15]、ようこませすんな、熊んつぁんすんなって言ってんだけんつぉも、んでも、気仙沼のみなどまづにぁ、くまんつぁんはどごさもいる。まんつまんつ[16]困ったごどや。

しないで、男は大事のためにどっかり構えているのが一番だ。

時節かまわず愚痴をこぼしたり、人のことをしつこくからかったりするのは田舎者のすることだ。なんとみにくいことか。

所かまわず非難して、よその家庭の内情にまで意見を差し挟むのも、熊さんというのだ。

だから、細かく用事をこなそうとするな、余計なことをするなと言っているのだが、気仙沼の港町には、熊んつぁんのように余計なことをしようとするものがどこにでもいる。やれやれ困ったものだ。

*1　かばね（屍）やみ…骨惜み、怠け者
*2　なすて（なじょすて）…なぜ
*3　あねはん…商家の主婦
*4　ば…あら

街が丸焼け…昭和４年の気仙沼大火、昭和８年高田が津波被災
気仙大工…　昭和初期に全国を巡り歩いた岩手県気仙地方の大工集団

⑧ 気仙《けせん》大工

CD track 8

　その昔、気仙沼さ岩手県がら気仙大工ぁ来てやすた。昭和の４年に大火事で街《まづ》ぁ丸焼けになってえ、建て直しの出稼ぎさ大勢の大工集まってきてぇ、そん時《どぎ》の名残り今でもみなどまぢさ残ってんでがす。

「なんだ、おめ、気仙大工が？」

　こいづ「腕のいい大工」つぅ意味でねぇがすと。「おめえ、なまけものが」っつう意味でがす。気仙大工は、なすて、怠け者なんだえが。

「だぁれ、かばねやみ[1]で、はっぱ、稼がねんだ[2]」

　今がら40年も昔、おらいさよく来てだ気仙大工いやすた。

【共通語訳】

　その昔、気仙沼には岩手県から気仙大工が来ていました。昭和４年の大火事で街が全焼して、再建のために大勢の出稼ぎの大工が集まってきました。その名残は今でも港町に残っております。

「おやおや、おまえは気仙大工かい」

　これは、「腕の良い大工」という意味ではありませんよ。「あなたは調子の良い怠け者ですか」という意味です。気仙大工は、どうしてなまけものなのでしょうか。

「だって骨惜しみしてさっぱり働かないんだよ」

　今から40年も昔、うちによく来ていた気仙大工がいました。

*4　ば…あら

*5　もぐ…もぎとる

*6　ぼっかげる…おいかける

「あねはん*3いだすが」

そのおんつぁん、庭の縁側さ腰かけてそう呼ぶと、中からばあちゃん出てきたもんでがす。

「ば*4、どごさ行ってだんだぃ、竿《さお》っこぁさげでぇ」

「つりっこさいってでや。ウナギ、つってきたでば」

「ばーばばば、ばばばば…」

その大工をおらだづ子供ぁドンボッチと呼んでやすた。本当の名前ぁ分がりゃせん。色めがねかげで、やせこけで、くぢさパイプぁふかしてぇ、腕に黒ぇ小ちゃないれずみありゃすた。その昔大工だげでねぐ、サーカスさもいで、遠ぐまではせまわってだんだどが。

おらだづ子供ぁ「ドンボッチ」って言ってか

「おかみさん、いますか」

そのおじさんは庭の縁側に腰掛けていて、中からうちのおばあちゃんが出てきたものでした。

「あら、どこに行ってたんですか。竿なんか下げて」

「釣りに行ってたんです。ウナギを釣ってきましたよ」

「あらあらあら…」

その大工を僕ら子供はドンボッチと呼んでいました。本当の名前は分かりません。色眼鏡をかけてやせぎすで口にはパイプをふかして、腕には黒い小さな入れ墨がありました。その昔は大工だけではなく、サーカス団にもいて、遠い街まで巡業してまわっていたそうな。

僕ら子供たちが「ドンボッチ」と呼んでから

*7　ちゃっちゃど…さっさと
*8　とっかかる…はじめる
*9　あがる…切り上げる、終える
*10　おいだりとったり…はかどらない
*11　めのご勘定…ザル勘定、およそ
*12　わっぱが…ノルマ
*13　すかすかど…順序よく

らがうど、袋がらのこぎりぃ出すてきてぇ、「こりぇ、足もぐぞ[*5]」とぼっかげで[*6]きたもんでがす。

すばらぐすて、ばあちゃんとお茶っこぁおわっと、

「んでぁ、ちゃっちゃど[*7]やりゃすか」

ようやぐ屋根さのぼって仕事さとっかがんでがす[*8]。ある日ぁ屋根しゅうり、まだある日ぁ木さのぼって植木《うえぎ》きり。んでも、ばあちゃんどお茶《ぢゃ》こする時間もなげぇんだっけなぁ。

「どれ、かせいでだすか。いーあんべぇであがって[*9]だいや」

「いやぁ、おいだりとったり[*10]で、少しばりしか出来ねでば」

「どのくれえかがんだべが」

「んだね、めのごかんじょう[*11]で一週間ばがす

かうと、道具袋からのこぎりを出してきて、「こらっ、足をちょん切るぞ」と追いかけてきたものです。

しばらくして、おばあちゃんと茶飲み話も終わると、

「それじゃ、さっさとやりましょうか」

ようやく屋根にのぼって仕事にとりかかります。ある日は屋根修理、またある日は庭木にのぼって植木切り。でも、おばあちゃんとお茶を飲んで世間話をする時間の方も長いんですねぇ。

「あのぉ、忙しいですか。ちょうどいい頃にお茶にしませんか」

「いやぁ、なかなかはかどらなくてね、少ししかできていませんよ」

「どのくらいかかりますか」

「そうですね、おおよそで一週間くらいでしょ

その大工をおらだづ子供ぁドンボッチと呼んでやすた。その昔ぁ大工だけでねぐ、サーカスさもいで、遠ぐまでぇはせまわってだんだどが

（本文 41 ページ）

*14　とっぱずす…踏み外す、失敗する

だねっす」

「んで、今日ぁ、わっぱが[12]だげでも、すかすかど[13]決めでだいや」

はしごばおりてくっと、お茶っこ飲んで、パイプふがすて一服すんだっけ。

「ぃやぃやぃや、あぶねぐ梯子とっぱずす[14]とごだったや。まんつ年だべな」

と、まだぁお茶《ちゃ》このみのみ、夕方になっとぉ、ボロクソの自転車さひょいと飛び乗ってけぇてぐんでがす。その身軽なぁ後ろ姿ぁ見っとぉ、さすがサーカスさぁいだがらうんめもんだなって、おら感心すたもんでがすと。

休みの日だったぇが、ひるめし時にぃ縁側にドンボッチやってきやすた。

あいにぐおらいの親父いだんでがす。


うね」

「それじゃ、今日はやれる分だけでも、決めてきてくださいな」

はしごを下りてくると、お茶を飲んでパイプをふかして一服します。

「やれやれ、危なく梯子を踏み外すところでしたよ。年ですね」

とまた茶のみ話。夕方になると、おんぼろの自転車にひょいと飛び乗って帰っていきます。その身軽な後ろ姿を見ると、さすがはサーカスにいたので上手なものだなあと、僕は感心したものでした。

ある休みの日のこと、昼ご飯の時にドンボッチが縁側にやってきました。

あいにくうちの父親がいました。

*15　むつける…不機嫌になる
*16　おらすたべが…おられましたか
ご在宅ですか
*17　えずだれかずだれ…いつでも、不定期に
*18　ねめつける…にらみつける
*19　てまどり…手間取り、日雇い労働者
*20　ぽっくりいぐ…死ぬ

　親父ぁ、若ぇ時、東京さいだもんだがら、マイホームだの、レジャーだの、プライベートだのぁ一番《いづばん》大事ぃすて、めしどぎに仕事の電話きただげでむつけだ*15もんでがす。ましてや縁側にみだごどねぇおんつぁんが来たら、ぃやぃや、火さぁ油ぁそそぐようなもんだねす。

「こんつわ、あねはんおらすたべが*16」

　縁側にすわったドンボッチを親父がじーっとねめつけでだんだっけ。

「えづだれかづだれ*17来たってぇ、いるわげねえべど」

「あ、そうすか」

　ぎろりとドンボッチをねめつけでぇ*18、こいづぁ庭先がらなれなれすぐ何しに来たんだって顔すてだった。

　ドンボッチぁひらっど自転車さ乗ってけぇ

　父親は若い頃に東京にいたせいなのか、マイホームやレジャーやプライベートを一番大事にしていて、ご飯の時間に仕事の電話が来ただけでも不機嫌になったものでした。ましてや庭の縁側に見たことのないおじいさんが来たら、やれやれ、火に油を注ぐようなものです。

「こんにちは、おかみさんはご在宅ですか」

　縁側に座ったドンボッチを父親がギロリとにらみつけていました。

「約束もしないで来ても、いるわけがないだろう」

「あっ、そうですか」

　ジロリとドンボッチをにらみつけて、こいつは庭の縁側からなれなれしく何をしにきたのだ、と言いたげな表情でした。

　ドンボッチはひらりと自転車に乗って帰りま

*21 しゃねがった…知らなかった

りぁすた。

　その後、二度と来なくなりゃすた。聞くどごによっと、遠くの東京の町《まっつ》ぁ出ていって手まどり[19]してだんだけんつぉも、年寄りなんでぇそのままぽっくりいった[20]んだどが。

　親父ぁ40年経った今でも後悔してだっけなぁ。

「身寄りのねぇ人で、昔うぢさ来てけでぇ、煙突そうじしてだんだけんつぉ、しゃっぱりしらねがったや。本当に悪ぃごとしたぁ」

　今でぁ気仙大工、こっちゃこねぐなりゃすたけんつぉも、んでも気仙大工つぅのは、腕の方はどうだがしゃねがった[21]けんつぉも、さすが名大工《めぇだいぐ》だけあって、気位《きぐらい》の方は、まごどに高え大工だったねぇす。


した。

　その後、二度と来なくなりました。聞くところによると、遠く東京の街に出て行って、日雇いの仕事をしていたのだけれど、年寄りなので、そのまま亡くなってしまったそうな。

　父親は40年過ぎた今でも後悔していたなあ。

「身寄りのない人で、昔の家にきてくれて、煙突そうじもしていたのに、全然気付かなかったよ。本当に悪いことをしたなぁ」

　今では気仙大工は、気仙沼には来なくなりました。それにしても気仙大工というのは、腕の方は分かりませんでしたけれど、さすがは名大工というだけあって、プライドの方は、実に高い大工でしたね。

*1　おすめはん…御神明さん
神明崎の神社のこと
*2　おでんのうはん…お天王さん、祭神
スサノオノミコト
*3　ないのわぎ…内の脇（地名）
*4　合わさる…合併して、
*5　いづのこまに…いつのまに

⑨みなとまつり

CD track 9

みなどまづりつぅのは、もどもどお神明《しめ》はん[1]でやってだお天王《でんのう》はん[2]の御祭《おまづ》りのごどでがす。内《ない》の脇《わぎ》[3]ぁ埋め立でられでがら、合わさって[4]でっけぐなって、いづのこまぬが[5]みなどまづりって呼ばれるようぬなったんだどが。

おらぁ太鼓の打づばやすさも出たもんでがす。とおり[6]だの、大漁まんさぐ[6]だの、とらまい[6]だの、ひとどおり叩くんだけんつぉも、やんたがったのぁ、おんちゃんだづの飛び入りでがす。

「おっしゃぁ、おらも、見てるだけでぁおもしゃぐね」

「んでぁ、わだくすもいっちょやってみっから」

【共通語訳】

みなとまつりとは、もともと神明崎の神社でやっていた御天王様《おてんのうさま》のお祭りのことです。内《ない》の脇《わき》が埋め立てられてから、他の地区と合併して拡大して、いつのまにかみなとまつりになったそうな。

僕は太鼓の打ち囃子にも出演したことがありました。「とおり」や「大漁万作」や「虎舞い」といった演目を一通り叩くのだけれど、嫌だったのは、おじさんたちの飛び入り参加でした。

「よし、俺も見ているだけは面白くない」

「わたくしもひとつやってみようか」

などと言いながら、次々と仲間入りをして

とおり[6]だの、大漁まんさぐ[6]だの、とらまい[6]だの、ひとどおり叩くんだけんつぉもぉ、やんたがったのぁ、おんちゃんだづの飛び入りでがす

（本文 47 ページ）

*6　とおり、大漁まんさく、虎舞い…いずれも打ち囃しの曲名
*7　はまる…仲間に入る
*8　やばつい…汚ない、不快な様
*9　ひてこび…ひたい
*10　いじくされる…気がすさむ
*11　せつない…うるさい
*12　ちょんとすて…静かに

どがなんとが言って、次々どはまってきてがらぁ[7]、太鼓ぉ叩き始《はづ》めんのぉいんだけんつぉも、なんだがみっともねんだなぁ。

「なんだ、あの乱入すてきたおんつぁん、いぎがってぇ、たいごさだのばぢさだの、ぺっぺどつばこ吐いでぇ、まんつ、べだくだって、やばつぃ[8]ごどや」

「たいごの皮、つばでねどねど、すべりっこ良くなってっぺな」

おんつぁんだづの見でっとぉ、ゆがだはだげで、ふんどしひとづで叩いでみだがど思えばぁ、ひてこび[9]の生え際、太鼓叩くたびにかぱかぱってさせだりすて、かづらなんだえがと思ったりして、おらだづ子供もぉ見でっと、だんだんど、いじくされで[10]くんだっけ。

んなごどしてっと、笛っこふぎのぉぴーっと、甲高《かんだげ》ぇ音《おど》聞こえでぇ、

きて太鼓を叩きはじめるのは良いのですが、どうも格好悪いのですね。

「なんだあの乱入してきたおじさんは、粋がって太鼓やばちに唾をはきかけたりして、まったく唾がべとべとして汚いねぇ」

「太鼓の皮が唾液でねばねばして滑りが良くなるのかなぁ」

おじさんたちの演奏を見ていると、もろ肌脱いでふんどし一つで叩く姿もあるかと思えば、中にはかつらなのか、額の生え際の頭皮が太鼓を叩く勢いでカパカパとずれたりして僕ら子供が見ていても、だんだんと気持ちがすさんでくるものだ。

そんな無駄話をしていると、笛吹き役が、

「ピーッ」と甲高い音を鳴らして、

「こらっ、うるさい。おしゃべりしないで、

*13　あねこ…ねえちゃん
*14　やでこ…屋台
*15　なんだもねぁぐ…とても、何とも言えず
*16　いやすこ…食いしん坊

「これっ、せずねえ[*11]。ぺちゃくちゃどすねで、ちょんとして[*12]叩いでろ」

　笛っこ吹きのあねこ[*13]がら怒られでぇ、しゃあねえがら、頭っこかいでまだ叩いだもんでがす。

　太鼓《たいこ》おわっと、はっぴ着たまま、夜店さあそびさ行ったんでがす。やでこ[*14]いっぺえあって、楽しいの何のって、なんだもねぐ[*15]楽しがったや。焼きとうもろこしだの、わだあめだの、やきとりだの、あいづもこいづもんめえなって、はしゃいで食いすぎだりいやすこ[*16]すたりしても、年に一《いづど》度のお祭《まづ》りだがらまぁいいべどって大目に見でけで、迷子さだげなんなよって、ぎっつり[*17]親さつかまってぇ歩いだんだぁ。

　ある年ぁ、えれぇでっけえおばけやすきぁ建っ

行儀よく叩きなさい」

　笛吹き役の姉ちゃんに怒られて、仕方がないと頭をかいて、また叩いたものです。

　太鼓を終えると、半被《はっぴ》を来たまま夜店に遊びに行ったものです。露天がたくさん立ち並んでいて、楽しいことといったら言いようがなかった。焼きとうもろこしやわたあめや焼き鳥や、あれもこれも美味しいねって張り切って食べ過ぎたり食い意地をはったりしても、年に一度のお祭りだからいいだろうと許してくれて、迷子にだけはなるなと注意されて、親にしっかりつかまって歩いたものだった。

　ある年は、とっても大きなお化け屋敷が建ちました。

*17　ぎっつり…しっかり
*18　あんこ…にいちゃん
*19　ぷったづげる…打ちのめす
*20　ぬっさこの…この野郎
*21　ほいじょ…ほうちょう
*22　おどげ（道化）でなく…冗談じゃなく本気で

たんでがす。

したっけ出入り口さ、ものすごぐおっかねえおんつぁん腕組みして座ってでぇ、パンチパーマにサングラスかげで、おっかねえ顔してだった。ながに、お化けやすきぁこばがにすてはっぱ前さ進まね、わらすぁいっと、怒られだんでがす。

「これ、あんこ[18]、はやぐ歩げぇ」

なんつぅのは、まだ優すいほうで、

「おだづなよ、こりぇい。ぷったづげっつぉ[19]」

「ぬっさこの[20]、おだってっとぉ、ほいじょ[21]投げっつぉ」

おばげやすきさへえった、しげるのぉ言うごどやぁ、「まんつまんつ、お岩さんより、あのほいじょ投げるっつぅ、おんつぁんの方、おどげでねぐ[22]おっかねがったや」

ところが、お化け屋敷の出入り口にはものすごく怖そうなおじさんが腕組みをして座っていて、パンチパーマにサングラスをかけて怖い顔をしていたものだつた。中にはお化け屋敷を馬鹿にして、（進路通りに）全然進まない子供がいると、怒られたものでした。

「おい、兄ちゃん、早く歩け」

なんてのはまだ優しい方で、

「こらっ、ふざけるな。ぶっ叩くぞ」

「この野郎、悪ふざけしていると包丁を投げつけるぞ」

お化け屋敷に入ったしげるの話によると、

「やれやれ、お岩さんよりも、あの包丁を投げつけるぞっていうおじさんの方がとんでもなく怖かったよ」

*23　こばかくせぇ…馬鹿馬鹿しい
*24　つんとばり…少しだけ
*25　つこつこ…ちこちこ
*26　すすたがり…けちん坊、煤をねだる意

学校《がっこ》も卒業《そつぎょ》して、色んな町《まぢ》の花火見だけんつぉもぉ、気仙沼の花火の方ぃがった。

　よその街《まっつ》ぁ、花火あげるまえに、おばんでごぜぇますだの、どごそご商店街のなぬなぬ会長一同だの、みよこちゃん結婚おめでど、ともだつ一同だの、花火いっぱつごどにぃ、長ったらすい祝辞《しゅぐじ》だの挨拶《あいさづ》だのぉ、べだくたってつけだくれぇにして、なんつぅこばがくせぇ[23]ごどしゃべんだえがど思《も》ったんだ。すて、花火あがったがどもったっけぇ、つんとばり[24]でぇ、何だがねずみ花火みでえな小ちゃこいのぉ、つこつこっ[25]ど鳴らしたくれぇにして、まんつ、すすたがりくせくて[26]やんたがったもんだ。

　んだがら、気仙沼の海で、だーんと鳴らす花火ぁ、やっぱぁいづばんだぁ。


学校を卒業して、色々な町の花火を見たけれど、気仙沼の花火の方がよかった。

　他の町では、花火をあげるごとに、「おばんでございます」とか、「なになに商店街のなになに会長一同」とか、「みよこちゃん結婚おめでとう。友達一同」とか、花火を一発上げるごとに長ったらしい祝辞や挨拶などをしつこく述べたりして、何て馬鹿馬鹿しいことを話すのだろうと思ったもので、ようやく花火が上がると、少しばかりで、まるでねずみ花火のように小さい花火をちょっと鳴らす程度で、何てしみったれているんだろうと思ってあきれたものだった。

　だから、気仙沼の海でどーんと鳴らす花火はやっぱり一番だ。

*1　もうがのほし…ねずみざめの心臓
*2　戦車…釜石が艦砲射撃を受け
　　　米軍上陸に備えた

⑩かっぱとさわがに

CD track 10

その昔ぃ、おらいの親父生まれた昭和10年代。その頃の魚町さおしめはんば抜ける道路ねくて大田《おおだ》の山越えで鹿折《すすおり》さいったんだぁ。コンクリで固めだ岸壁もねぇ浜だったがら、夏になっと海さ飛び込んで、船こねぇおしめはんどごで泳いだんでがす。岩さ、もうがのほす[*1]いっぺえ並ばってほさってだんだぁ。

おしめはんさ鍾乳洞あって、上の横穴さ防空壕あったんだけんつぉも、下の鍾乳洞ぁ海さひたってで、もぐってぐど、遠くの高田さまで通じでんだどが。

終戦になったの5歳んどぎだけんつぉも、戦車[*2]きたのぁよぐ覚えででや、明げ方寝でだら、んごごごごと音すっから、戸のすぎまがらの

【共通語訳】

その昔、うちの父親が生まれた昭和10年代。その頃の魚町は神明崎を抜ける道がなくて、大田の山を越えて鹿折に行ったものだった。コンクリートで固めた岸壁もなかったので、夏になると海に飛び込んで、船のこない神明崎のあたりで泳いだものでした。岩にはネズミザメの心臓がたくさん並べられて干されていたんだよ。

神明崎には鍾乳洞があって、上の横穴は防空壕になっていたけれど、下の鍾乳洞は海水につかっていて、潜っていくとはるか遠くの高田まで通じているのだとか。

終戦になったのは5歳の時だった。戦車が来たのはよく覚えている。明け方寝ていたら、ごごごと音がするので、戸の隙間からのぞいたら、

なまごおどりってのぁ、小正月にぃわらづつぁかづぎあげでねり歩ぐんだ

（本文55ページ）

*3　ぜいご（在郷）…山の方、田舎
*4　やんどはい…羽田の伝統芸能
*5　しし踊り…早稲谷の伝統芸能

ぞいだら、戦車百両《ひゃぐりょう》も大田の山かけあがってってやぁ。その前、グラマンきて妹ど押入れさ隠れでだっけ港沿いさバババババって機関銃撃ってぇばくだん落どしてったばりで、グラマンの薬きょうば拾って大事にもってだんだけんつぉもぉ、戦車の音聞いで、日本にぁ、まだいっぺえ戦車あんだなぁって、えれぇ元気湧いてきたもんだぁ。


やっぱぁ、お正月ぁいがったもんだぁ。

ぜいご[3]の方がら、やんどはい[4]だの、しし踊り[5]だの港町さ踊りさやって来たった。

「お正月ぁ、ええもんだ、銀のようなもぢくって、とろろのような酒のんで」って歌ったんだ。

ガギ大将のしんつぁんだづど回って歩ってだったっつぇば、なまごおどり[6]だぁ。なまごお

戦車が百両も大田の坂道をかけあがっていくのが見えた。その前はグラマン攻撃機がやってきて、妹と押入れに隠れていたら、港沿いにダダダダと機関銃を撃って爆弾を落としていったばかりで、グラマンの薬きょうを拾って大事にとっておいたのだけれど、戦車の音を聞いて、日本にはまだいっぱい戦車があるんだなぁと思ってとても元気が湧いてきたものだった。


やはり楽しかったのはお正月だ。

内陸の方から「やんどはい」や「鹿踊り」などが港町に踊りにやってきた。

「お正月はいいもんだ。銀のような餅食って、とろろのような酒のんで」と歌ったものだった。

ガキ大将のしんちゃんたちと、なまこおどりにも回って歩いたんだ。なまこおどりというの

*6　なまこおどり…旧暦正月（小正月）行事
昭和 30 年代廃止。大田で
復活したが少子化等で中断

*7　すみすご…炭を包む俵
*8　弁天はん…一景島の弁天神社
*9　おが…陸地、内陸、田舎

どりってのぁ、小正月にわらづつかづぎあげでねり歩いで、「なんまごぉどり〜のぉどりぃ〜、ぜにぃど金ぁもうがったぁ、蔵の百も建つように、もひとつ、おまげでヨイこらしょ」ってかげ声あげで、ぜんこもらいさ魚町の家ば回ったたった。

　もらったぁぜんこぁ、よんつぁんがぁうまぐみんなさ分げでけだもんだ。さすがガキ大将ってのぁ偉がったもんだ。今じゃ子供の教育さよくねえがらって、ぜんこ集めんのやめだみでだけんつぉもね。んでも、なんで、すみすご[*7]のわらさ大根《でぇごん》入《へぇ》ったの、なまごおどりなんだが、しゃっぱすわがんねがったたな。

　夏ぁ、弁天はん[*8]さぁ、ガニとりさいったんだ。一景島の弁天はん昔ぃ海ん中で、陸《おが》[*9]がら橋かがっ

は、小正月にわらづつをかつぎあげて練り歩いて、「なんまごどりの踊り、銭と金がもうかった、蔵の百も建つように、もう一つおまけでヨイこらしょ」とかけ声をあげて、お年玉を募りに魚町の家々を回ったものだ。

　もらったお金は、よんちゃんがみんなに均等に分配してくれた。ガキ大将というのはさすが偉いものだった。今では子供の教育上良くないからとお金を集めるのはやめたそうだが、それにしてもなぜわらの包みに大根を入れたものを「なまこおどり」と呼んでいたのか、全然分からなかったよ。

　夏は弁天神社にカニをとりにいったものだ。一景島の弁天神社は、昔は海の中で、陸から橋がかかっていたものだった。内の脇はガマ

*10 あんばはん…安波山（山名）

てだんだ。内の脇ぃガマの穂ばりで、ボラなんてすごぇ群れになって泳いでだったす、あさりなんかいっぺえとれだんだ。

しんつぁんと弁天はんまでいって、ガマの穂ん中さ入《へぇ》んだけんつぉも、ぬがってだがら*9足ずぶずぶって怖《こぇ》がったな。

「カッパだ。カッパぁいだぞ」

いぎなり、しんつぁんさがんだがら、たまげで岸さ逃げだった。すたっけ、カッパの三角《さんかぐ》の頭《あだま》見だっつんで、帰《けぇ》ってがら夜こえくてぇ寝《ね》られねぐなっつまってや。あどおそろすねぇがら弁天はんさいぐのやめっぺって別んどごさいったりして、まあ、今では内の脇埋め立てられてカッパもいなぐなっつまったんだけんつぉも、そんどぎまでぁカッパいだんだべなぁ。

の穂ばかりで、ボラなんて大きな群れをなして泳いでいたし、アサリだってたくさんとれたものだった。しんちゃんと弁天神社まで行って、ガマの穂の中に入ったけれど、ぬかっていたので足がずぶずぶ泥に沈んで怖かったな。

「カッパだ。カッパがいたぞ」

突然、しんちゃんが叫んだので、びっくりして岸に逃げた。するとカッパの三角の頭を見たというので、帰ってからも夜怖くて寝られなくなってしまったよ。その後は恐ろしいので弁天神社に行くのはよそうと言って別の所に行ったものだよ。まあ、今では内の脇が埋め立てられてしまってカッパもいなくなってしまったけれど、その頃まではカッパがいたんだろうな。

*11　たらっぽ…たらの目
*12　いづご…野いちごのこと
*13　もぐ…とる、とれる＝もげる
*14　ほぎだす…吐き出す

あんばはん[*10]さ、サワガニぁいで、小ちぇ時ぁ登りさ遊びさいったんだ。今でぁ公園さ水道あっけんつぉもぉ、昔ぁ、山さ水道なんかねがったがらぁ湧ぎ水のんでだんだ。湧ぎ水さ沢がにぃいで捕まえだもんだぁ。頂上にぁ、おおむらさぎもいだんだ。


なぁんて、親父がらそんな話ぃ聞いで、おれも幼稚園のよしきどぉ一緒にあんばはんさのぼった。

　よしきやぁ、洞くつ知ってっから、いぐべって、むがすの防空壕の穴っこさいってがら、山さあがって、たらっぽ[*11]もいだり、いづご[*12]もい[*13]だりして、歩ぎ歩ぎ、いづごの種っこ、ぺっぺどほぎだし[*14]たりすたんだ。

　わき道ぃ、ちょちょっとくだったれば、うすぐれ中さ、岩っこみぇで、湧ぎ水流れでだんだ。


安波山にはサワガニがいて小さい頃に遊びに行ったものだ。今では公園に水道があるけれども、昔は山に水道なんてなかったから湧き水を飲んでいたんだ。湧き水にはサワガニもいて捕まえたものだ。頂上にはオオムラサキもいたんだ。


そんな話を父親から聞いて、僕も幼稚園の友達のよしきと一緒に安波山に上った。

　よしきが洞くつを知っているので一緒に行こうと、昔の防空壕の横穴に行って、それから山にのぼって、タラの芽や野いちごをとって食べながら、種をぺっぺと吐き出したりしたよ。

　登山道の脇道をちょっとくだっていくと、薄暗い中に沢石が見えて湧き水が流れていた

*15　ぺったらこい…ひらべったい
*16　みいみい…見ながら

「あったあった、わぎみずだ」

うんめえ、うんめえ、って飲んだんだ。

んでも、サワガニ、岩のぉすきまさいんのが、ぺったらこくて*15、見つかんねがったや。昔ぁいだったのがもしんねぇけんつぉも、今ぁもっと山の奥さ行ったのがもしんねぇ。


帰ってきて、よしきどぉ、家の水道の水ばのんだっけ、

「なんだ、湧ぎ水どぉ、あんます変わんねぇな」

青っぱな垂らすて蛇口の水飲んでるよしきみいみい*16、水道つぅのぉ、何だがロマンのねえもんだなってあぎれだもんだ。


んだ。

「あったあった、湧き水だ」

おいしい、おいしいと飲んだものだった。

でも、サワガニは、ひらべったくて岩の隙間にいるのか見つけられなかったなぁ。昔はいたのかもしれないけれど、今はもっと山の奥に行ってしまったのかもしれない。


山から帰ってきて、よしきと家の水道の水を飲んだ。

「なぁんだ、安波山の湧き水とあんまり変わんないなぁ」

そう言って青っぱなを垂らして水を飲んでいるよしきを見ながら、水道っていうのは、なぜかロマンスがないものだなとあきれたものだった。

参考資料

「生活を伝える被災地方言会話集―宮城県気仙沼市・名取市の100場面会話」　東北大学方言研究センター（編）　平成26年3月

「伝える、励ます、学ぶ、被災地方 言会話集」　東北大学大学院文学研究科国語学研究室（発行）　平成25年3月

「宮城県・岩手県三陸地方南部地域方言の研究」　小林隆（編）東北大学大学院文学研究科国語学研究室（発行）　平成24年3月

「伝統・伝承芸能記録保存：平成25年度 気仙沼・本吉地区」　気仙沼・本吉地区文化協会連絡協議会（発行）　平成26年4月

「けせんぬま方言アラカルト（増補改定版）」　菅原孝雄（著）　三陸新報社（発行）　平成18年7月

「仙台方言集」　田村昭（著）　宝文堂（発行）　昭和59年1月

「話すてけらしぇ仙台弁」　佐々木徳夫（著）　無明舎出版（発行）　平成11年6月

「ケセン語入門」　山浦玄嗣（著）　共和印刷企画センター（発行）　昭和61年1月

「ケセン語の世界」　山浦玄嗣（著）　明治書院（発行）　平成19年1月

「気仙方言辞典」　金野菊三郎（編著）　大船渡市芸術文化協会（発行）　昭和53年1月

「わたしたちの気仙沼市（改訂版）」　気仙沼市教育委員会（著・発行）　昭和56年4月

「海鳴りの記　―三陸漁業のあゆみ―」　小松宗夫（著）　宮城県北部鰹鮪漁業協同組合（発行）　昭和49年1月

「気仙沼地方　童謡民謡集（気仙沼双書第3集）」　気仙沼郷土文化研究会（編）NSK地方出版社（発行）　昭和52年6月

「けせんぬま歴史散歩」　加藤正禎（編）　NSK地方出版社（発行）　昭和55年10月

本書に収められた物語はフィクションです。郷土史をはじめとした文献資料を参考にして書かれておりますが、登場人物は全て仮名であり、実在する個人やそれらにまつわる事実との関連性はありません。

あとがき

三陸海岸は、宮城県の北上川以北の南三陸町から、岩手県の宮古市や久慈市あたりまでの、車で縦断すると五時間か六時間ほどの広い範囲に及びます。本書の話の舞台となっている気仙沼は、仙台から車で三時間ほど。三陸海岸の南部に位置し、宮城県の県境のポコリと北に張り出したところです。昔から〝陸の孤島〟とも呼ばれた辺鄙な所ですが、海の上から見るととても便利な場所です。気仙沼湾の前には、大島という島があって、いわばお椀にフタをしたような湾の形になっていることから、荒い外海の波が来ず、湾は年中穏やかです。沖には日本の二大海流である黒潮と親潮がぶつかって魚が群れ集まる漁場がありますので、古くから天然の良港として栄えてきました。ここで育まれてきたのが、本書で紹介している気仙沼のことばです。

気仙沼のことばの特徴の一つとしては、関西の言葉が含まれていることです。これは港町として栄えた気仙沼の特徴です。例えば、「てんこもり」というのがそうで、最近はテレビの影響で関東でも使われるようですが、元々は北陸、関西、中国、四国地方でよく使う言葉で、気仙沼市街でもよく使われていました。また、「おめはん」（お前さん）というように、関西風の「はん」をつけるのも特徴で、岩手県側に入ると、「おめぇさん」と「さん」付けになります。「生き」の良い魚と、「粋」を尊ぶ心意気というのは相通じるものがありまして、海を通じて伝わってきた新しい言葉を港町の人が積極的に取り入れた名残りと言えるでしょう。

気仙沼のことばのもう一つの特徴としては、宮城県一帯で使われるいわゆる仙台弁と、三陸地方に共通する気仙ことば（気仙方言、ケセン語）が混在していることです。気仙沼は、藩政時代の街道地図※を見ると「ケセン」と書かれており、古くから気仙坂の七坂、八坂と民謡にも謡われるように坂の多い土地で、江戸時代には、伊達藩領だった高田や大船渡への玄関口にあたる町でもありました。そのため気仙沼のことばは、岩手県側で気仙ことば（気仙方言、ケセン語）と

※大日本道中行程細見記大全
安政５年（1858）

呼ばれる、三陸地方固有の言い回しが色濃く残されています。

岩手県側の三陸地方や気仙沼ではよく使うものの、仙台弁ではあまり使わない表現はたくさんあります。本書でも出てくる「さどまご（砂糖孫）」や「ばばば」は、その一例でしょう。驚いた時に使う「ばばば」は、釜石以北では「ざざざ」、宮古以北の沿岸部の一部では「じぇじぇじぇ」、岩手内陸では「じゃじゃじゃ」と変化します。

気仙沼で使わない気仙ことばの表現と言えば、「けらっせん」です。例えば大船渡市で開業医をしているケセン語研究家の山浦玄嗣先生は、患者さんが「〜してけらい（〜してください）を依頼する表現を聞き分けて「けらい、けらんせ、けらっせん」と敬語表現に段階的な使い分けがあることを指摘しています。気仙沼では「けらっせん」という丁寧な依頼言葉は通常使いません。

気仙沼でよく使う仙台弁で、岩手県に入るとあまり使わない表現としては、「だっちゃ」、「だべっちゃ」があります。同意をうながす「〜だろう」、「〜でしょう」という意味で、気仙沼では「だべぁ」、「だすぺぇ」などと併用しています。

ここで使った表現は、私の家族や、お客さん、友達、先生が実際に使っていたものです。方言の習得は小中学校の教育課程にはもちろんありません。方言が上手なのは、おじいさんやおばあさんです。私が子供の頃は、家族から聞いた方言を覚えて友達同士で使うことがとても楽しくて愉快でした。

父も祖父も気仙沼の魚町の生まれでした。昔のわが家では魚町で漁業をしていて、江戸時代から続く廻船問屋だったそうです。こんなことを書くとさぞかし伝統がありそうですが、気仙沼では大正四年と昭和四年に大火事が起きて家が丸焼けになりましたから、財産など何もなく、当時のもので家に残るのは黒焦げになったえびす大黒の掛け軸だけでした。掛け軸にはうまい具合に中央のタイの朱色だけが焼け残っていて、家族でたまに見ては、「これぞ本当のタイ焼き」と言って笑ったものです。三陸地方にはこうした独特の諧謔《かいぎゃく》精神があふれていて本書の中でも紹介しています。そのエッセンスを伝えるため、例えば、「熊んつぁん」という、魚町界隈では使われていたようですが、使用頻度の少ない方言も盛り込んでいます。

私の祖母は陸前高田から嫁いできた人で、驚くと、「ばばば」というのが口癖でした。うちでは「ばあちゃん」と呼んでいましたが、年配の元船乗りの方は「あねはん」と呼んでいました。私が生まれた頃には郊外に引っ越していましたが、古くからの農家の家に遊びにいくと、母親のことを「ががぁ」、曾祖母のことを「おっぴさん」と呼んだり、大人たちは社交言葉として、「〜でがす」（〜でございます）を使っていたのをよく覚えています。

現在では標準語と方言は混在していますので、本書のように固有の表現だけを凝縮すると、地元から一歩も出たことがないお年寄りの話しぶりを真似しているようで、滑稽な印象を受けるかもしれません。本書に含まれている言い回しの多くは日常会話で頻繁に使われているもので約二〇〇語です。この数は、気仙沼のことばを網羅的に集めた「けせんぬま方言アラカルト」という本に収められている千数百語の二割にも満たない数です。

私は東京に出てもう二〇年になるので気仙沼弁にも自信がなく、仲間と勉強会を作って、文章の読み合わせをしてみました。するとこの三陸地方の方言というのは、固有の表現があるだけでなく、文法的にもユニークで、漢字のルビまで一語一語異なるという、とても奥の深い言葉であることが分かりました。方言のお手本になるのは推定年齢九〇歳以上、テレビのない時代に多感な青年時代を地元で過ごした人だということが分かりました。若い世代の人は、方言の挨拶言葉や敬語が流暢に出てきにくいようです。特に祖父母と別々に暮らす核家族化の波は、お国ことばの衰退を決定的なものにしているようです。勉強会では「死んだおっぴさん（祖母）こう話すてだなぁ」とおじいさん、おばあさんの話を思い出しながら考えることが多く、そうした話がふくらんで本書ができました。

うちの幼稚園の娘にも読んでみました。すると、「何話しているか聞き取れない」とのことでしたが、標準語を交えて説明すると分かるようでした。おやつの時間になると、「おじゃこ、おじゃこ」とか「うんめ、うんめ」と笑いながら話すようになりました。親バカながらも、ことばの復活にちょっと貢献したような気もしました。

（著者しるす）

三陸ことば研究会

在京・在郷の有志らによる三陸方言の勉強会。主に気仙沼地方で使われている方言の由来や地域的な分布について研究中。

村上 雄策（むらかみゆうさく）

1974年（昭和49年）宮城県気仙沼市生まれ。宮城県立気仙沼高等学校を経て、慶応大学文学部国文学科卒、海外ドキュメンタリーの制作を経て、建設分野の雑誌取材・編集に携わる。三陸ことばの勉強会を発足し、本書の原作と方言朗読を担当。

曾根 健一（そねけんいち）

三陸ことば研究会メンバー。漫画家。挿絵を担当。1974年(昭和49年）青森県八戸《はちのへ》市生まれ。宮城県立気仙沼高等学校卒。神奈川県茅ヶ崎市にて猫12匹と共に漫画をかく日々。

気仙沼のこばなし　CD・対訳付き三陸方言集

平成27年5月22日	第1刷発行
編集	三陸ことば研究会
ナレーター	西村 文江
定価	1,800円（消費税・送料別）
発行所	真間《まま》書院
	住所　千葉県市川市国分１丁目５番１２号
	電話＆FAX　０４７−３１７−３１５３
印刷	㈱イニュニック（東京都）
収録	飯能ケーブルテレビ㈱（埼玉県）

乱丁・落丁のものは発行所又はお買い求めの書店でお取替え致します。
著作権法上の例外を除き、本書の無断複写は（コピー）は禁じられています。

Text © The workshop for Sanriku Dialect & Yusaku Murakami 2015,
Illustrations © Kenichi Sone 2015, Published by Mama Shoin, Printed in Japan

ISBN 978-4-9907990-0-7 C0081 ¥1800E